D1737562

LA CARTA DE DERECHOS

SETH LYNCH

TRADUCIDO POR ESTHER SARFATTI

Gareth Stevens
PUBLISHING

ENCONTEXTO

Please visit our website, www.garethstevens.com. For a free color catalog of all our high-quality books, call toll free 1-800-542-2595 or fax 1-877-542-2596.

Library of Congress Cataloging-in-Publication Data

Names: Lynch, Seth.
Title: La Carta de Derechos / Seth Lynch.
Description: New York : Gareth Stevens Publishing, 2019. | Series: Conoce la historia de Estados Unidos | Includes index.
Identifiers: LCCN ISBN 9781538249291 (pbk.) | ISBN 9781538249307 (library bound)
Subjects: LCSH: United States. Constitution. 1st-10th Amendments--Juvenile literature. | Civil rights--United States--History--Juvenile literature. | Constitutional history--United States--Juvenile literature.
Classification: LCC KF4749.L96 2019 | DDC 342.7308'5--dc23

First Edition

Published in 2020 by
Gareth Stevens Publishing
111 East 14th Street, Suite 349
New York, NY 10003

Copyright © 2020 Gareth Stevens Publishing

Translator: Esther Sarfatti
Designer: Samantha DeMartin
Editor: Kristen Nelson

Photo credits: Series art Christophe BOISSON/Shutterstock.com; (feather quill) Galushko Sergey/Shutterstock.com; (parchment) mollicart-design/Shutterstock.com; cover, p. 1 (photo) MarshalN20/Wikimedia Commons; cover, p. 1 (article) Larrybob/Wikimedia Commons; p. 5 SuperStock/SuperStock/Getty Images; p. 7 Jack R Perry Photography/Shutterstock.com; p. 9 (inset) Bettmann/Bettmann/Getty Images; p. 9 (main) Everett Historical/Shutterstock.com; p. 11 Illerlok_Xolms/Shutterstock.com; p. 13 NYCStock/Shutterstock.com; p. 15 Sony Herdiana/Shutterstock.com; p. 17 JEWEL SAMAD/AFP/Getty Images; p. 19 wavebreakmedia/Shutterstock.com; p. 21 Guy Call/Corbis/Getty Images; p. 23 sirtravelalot/Shutterstock.com; p. 25 Pacific Press/LightRocket/Getty Images; p. 27 Bloomberg/Bloomberg/Getty Images.

Printed in the United States of America

CPSIA compliance information: Batch #CS18GS: For further information contact Gareth Stevens, New York, New York at 1-800-542-2595.

CONTENIDO

Las palabras del glosario se muestran en **negrita** la primera vez que aparecen en el texto.

UNA NUEVA CONSTITUCIÓN

Para el año 1787, estaba claro que los **Artículos de la Confederación** tenían muchos problemas. **Representantes** de doce estados se reunieron para modificar los artículos. Pronto se dieron cuenta de que era mejor **redactar** una nueva **constitución**. Sin embargo, algunos no querían **ratificarla** a menos que tuviera una lista de derechos ciudadanos.

SI QUIERES SABER MÁS

Los que estaban a favor de ratificar la Constitución tal como estaba redactada se llamaban "federalistas". Los que no estaban de acuerdo con el **documento** eran los antifederalistas.

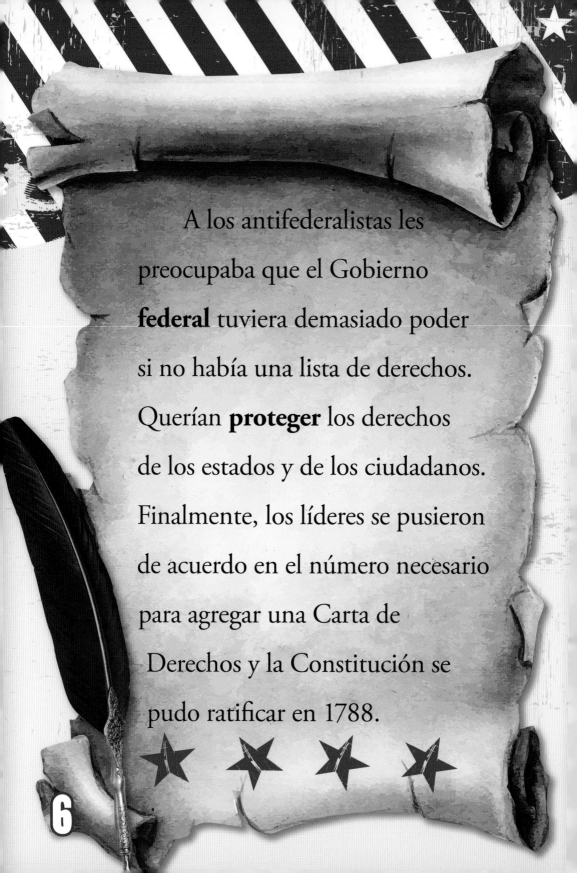

A los antifederalistas les preocupaba que el Gobierno **federal** tuviera demasiado poder si no había una lista de derechos. Querían **proteger** los derechos de los estados y de los ciudadanos. Finalmente, los líderes se pusieron de acuerdo en el número necesario para agregar una Carta de Derechos y la Constitución se pudo ratificar en 1788.

We the People of the United States, in order to form a more perfect Union, establish Justice, insure domestic Tranquility, provide for the common defence, promote the general Welfare, and secure the Blessings of Liberty to ourselves and our Posterity, do ordain and establish this Constitution for the United States of America.

Article. I.

Article. II.

Article. III.

Article. IV.

Article. V.

Article. VI.

Article. VII.

SI QUIERES SABER MÁS

James Madison era un federalista que apoyaba la Constitución. Pero, más tarde, estuvo a favor de incluir una Carta de Derechos en el documento.

REDACTANDO LOS DERECHOS

Madison comenzó a trabajar en
la Carta de Derechos haciendo
cambios en la Constitución
de Estados Unidos. Presentó
sus ideas al Congreso
el 8 de junio de 1789.
Sin embargo, se decidió
que la Carta de Derechos
fuera una parte separada
de la Constitución.

SI QUIERES SABER MÁS

La Declaración de Derechos de Virginia, redactada por George Mason en 1776, fue uno de los documentos que Madison revisó para redactar la Carta de Derechos.

James Madison

(Copy of the first Draught by G Ms.)

A Declaration of Rights made by the Representatives of the good People of Virginia, assembled in full and free Convention; which Rights do pertain to them and their posterity as the Basis and Foundation of Government.

1. That all men are created equally free & independent & have certain inherent natural Rights, of which they can not, by any Compact deprive or divest their Posterity; amongst are the Enjoyment of Life & Liberty, with the Means of acquiring possessing Property & pursuing & obtaining Happiness & Safety.

2. That all Power is by God & Nature vested in & consequently derived from the People; that Magistrates are their Trustees Servants, and at all Times amenable to them.

3. That Government is or ought to be instituted for the common Benefit, Protection & Security of the People, Nation or Community. Of all the various Modes & Forms of Government that is best, which is capable of producing the greatest Degree of Happiness & Safety, & is most effectually secured against the Danger of Mal-Administration; and that whenever any Government shall be found inadequate or contrary to these purposes, a Majority of the Community hath an indubitable unalienable unrepealable Right, to reform, alter, or abolish it, in such...

274 Page from a copy of the first draft of the Bill of Rights, from the original in the Virginia State Library, Richmond

9

EN BUSCA DE SU APROBACIÓN

La Cámara de Representantes aprobó una lista de diecisiete **enmiendas**. El Senado aprobó doce de ellas el 25 de septiembre de 1789 y luego fueron enviadas a los estados. Para convertirse en parte de la Constitución, cada enmienda debía ser ratificada por las tres cuartas partes de los estados.

SI QUIERES SABER MÁS

La Constitución también se puede enmendar cuando dos terceras partes de los estados piden una convención constitucional. Aun así, las enmiendas presentadas deben ratificarse por tres cuartas partes de los estados. Esto nunca ha ocurrido.

Estados Unidos, 1790

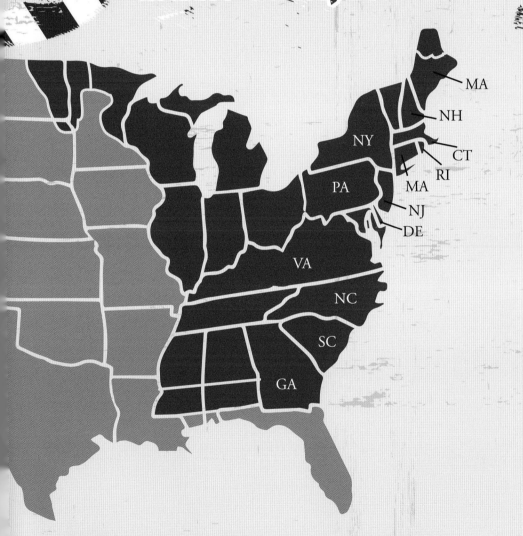

MA
NH
NY
CT
RI
PA
MA
NJ
DE
VA
NC
SC
GA

■ TERRITORIOS DE ESTADOS UNIDOS O ZONAS RECLAMADAS
■ ZONAS EXTRANJERAS

LAS ENMIENDAS

Solo diez de las doce posibles enmiendas fueron ratificadas por los estados. Estas forman la Carta de Derechos. La Primera Enmienda es actualmente una de las más importantes: señala que los ciudadanos tienen libertad de expresión y libertad de prensa.

La Primera Enmienda también dice que los ciudadanos tienen derecho a reunirse de forma pacífica, por ejemplo, para **protestar** contra una ley o acción del Gobierno.

Además, la Primera Enmienda **garantiza** la libertad de religión. Esto significa que los ciudadanos pueden creer en lo que quieran y practicar la religión que elijan. Agregar este derecho fue muy importante; mucha gente había llegado a las colonias americanas en busca de libertad religiosa.

SI QUIERES SABER MÁS

El último derecho garantizado bajo la Primera Enmienda es la libertad de presentar peticiones, o pedir al Gobierno que revise algo que pueda haber hecho mal.

LA SEGUNDA ENMIENDA

Cuando se redactó la Carta de Derechos era importante que los estados tuvieran una **milicia** sólida. La Segunda Enmienda indica que los ciudadanos tienen derecho a "poseer y portar armas". Hoy, significa "pistolas o rifles", pero en aquel momento ¡también se refería a espadas!

SI QUIERES SABER MÁS

Según la Tercera Enmienda, no se puede obligar
a los ciudadanos a hospedar soldados en sus casas.

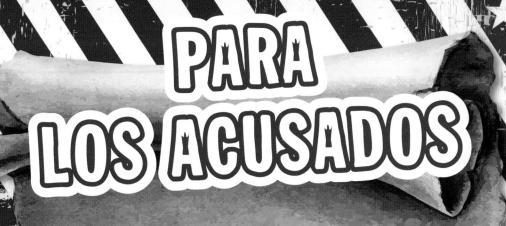

PARA LOS ACUSADOS

La Cuarta Enmienda dice que el Gobierno no puede registrar o tomar las pertenencias de alguien sin una **orden de registro**. La Quinta Enmienda incluye varios derechos. Uno de ellos indica que, si el Gobierno se queda con la propiedad de alguien, este tiene que pagar por ella.

SI QUIERES SABER MÁS

La Cuarta y la Quinta Enmienda tienen que ver con
la protección de los derechos de las personas acusadas
de violar la ley.

19

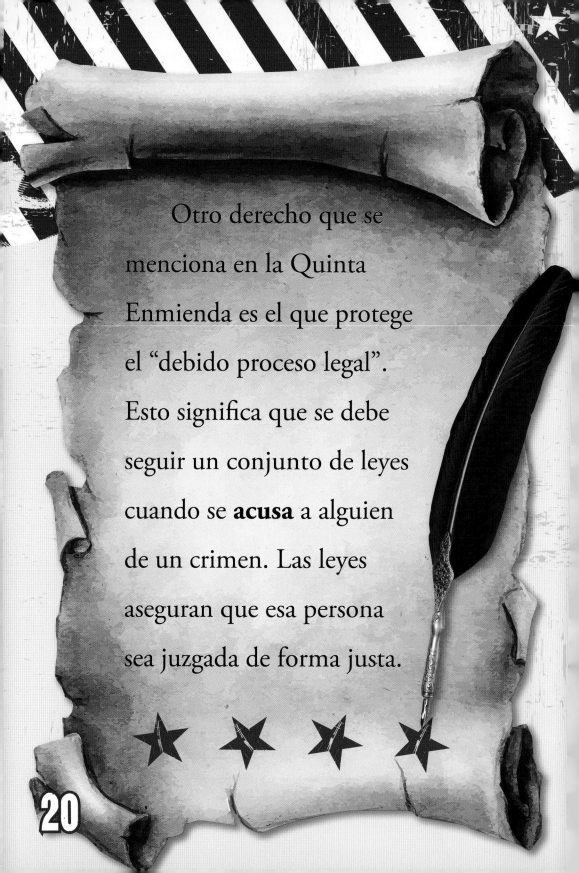

Otro derecho que se menciona en la Quinta Enmienda es el que protege el "debido proceso legal". Esto significa que se debe seguir un conjunto de leyes cuando se **acusa** a alguien de un crimen. Las leyes aseguran que esa persona sea juzgada de forma justa.

SI QUIERES SABER MÁS

Bajo la Sexta Enmienda, se garantiza que
las personas acusadas de crímenes tengan un juicio
"rápido y público".

En la Séptima Enmienda se establece que cualquier caso civil, o no criminal, será juzgado por un **jurado** si la propiedad en cuestión vale más de $20. La Octava Enmienda protege a los ciudadanos de "penas crueles y desusadas".

SI QUIERES SABER MÁS

La Octava Enmienda también dice que la gente no
debería tener que pagar multas y fianzas muy grandes.
Una fianza es lo que alguien paga para salir de la cárcel
mientras espera su juicio.

23

MÁS DERECHOS

La Novena Enmienda no queda tan clara como las demás. ¡Dice que los ciudadanos tienen derechos que no están incluidos en la Carta de Derechos! Su propósito es impedir que aumente el poder del Gobierno federal y también proteger otros derechos ciudadanos.

SI QUIERES SABER MÁS

¡No tenemos información acerca de qué otros derechos
podría haber pensado James Madison que debían
ser protegidos!

LOS DERECHOS DE LOS ESTADOS

La última parte de la Carta de Derechos, la Décima Enmienda, también es una declaración general. Dice que los estados y los que viven en los estados tendrán cualquier poder que la Constitución no dé al Gobierno federal.

SI QUIERES SABER MÁS

La Constitución otorga algunos poderes muy claros
al Congreso, al presidente y al Tribunal Supremo.

27

LAS ENMIENDAS HOY

La Constitución de Estados Unidos es el documento de gobierno más antiguo que aún sigue en uso. Desde que se aprobó la Carta de Derechos, se han añadido diecisiete enmiendas más. Estos cambios dejan más claro el significado de la Constitución, aseguran que se respeten derechos importantes y hacen cambios en el funcionamiento del Gobierno.

El proceso de las enmiendas es largo y a menudo fracasa. ¡Se han propuesto miles de enmiendas que el Congreso no ha podido aprobar!

ENMIENDAS CONSTITUCIONALES CONOCIDAS

13.ª ENMIENDA

Acabó con la esclavitud en Estados Unidos.

14.ª ENMIENDA

Otorgó la ciudadanía a todos los nacidos en Estados Unidos, incluyendo a los antiguos esclavos liberados bajo la Decimotercera Enmienda.

19.ª ENMIENDA

Otorgó el derecho al voto a las mujeres.

22.ª ENMIENDA

Limitó a dos el número de mandatos que un presidente podía gobernar.

LÍNEA DEL TIEMPO DE LA CARTA DE DERECHOS

1 de marzo de 1781

La primera constitución de Estados Unidos, los Artículos de la Confederación, es ratificada por los estados.

3 de septiembre de 1783

Se firma el Tratado de París, marcando el fin de la guerra de Independencia.

25 de mayo de 1787

Comienza la Convención Constitucional, donde se redacta una nueva constitución para Estados Unidos.

21 de junio de 1788

Tres cuartas partes de los estados ratifican la Constitución, convirtiéndola en la ley suprema, o más alta, del país.

8 de junio de 1789

Madison presenta cambios a la Constitución en el Congreso.

25 de septiembre de 1789

La Carta de Derechos se presenta a los estados como un conjunto de doce enmiendas.

15 de diciembre de 1791

La Carta de Derechos se ratifica con diez enmiendas.

GLOSARIO

acusar: echar la culpa.

Artículos de la Confederación: primera constitución de Estados Unidos, en vigor entre 1777 y 1788.

constitución: leyes básicas por las cuales se gobierna un país o estado.

documento: escrito formal.

enmienda: cambio o añadido a una constitución.

federal: que tiene que ver con el Gobierno nacional.

garantizar: hacer una promesa.

jurado: grupo de gente elegida para decidir el resultado de un juicio.

milicia: grupo de ciudadanos que se organizan como soldados para protegerse.

orden de registro: documento hecho por un funcionario judicial o gubernamental que permite a un policía buscar pruebas en un lugar privado, como un hogar o un auto.

proteger: mantener a salvo.

protestar: oponerse firmemente a algo.

ratificar: ponerse de acuerdo formalmente en algo.

redactar: escribir un documento.

representante: alguien que actúa en nombre de un grupo de personas.

PARA MÁS INFORMACIÓN

Libros

Leavitt, Amie Jane. *The Bill of Rights in Translation: What It Really Means*. North Mankato, MN: Capstone Press, 2018.

Mara, Wil. *Citizens' Rights*. Ann Arbor, MI: Cherry Lake Publishing, 2017.

Sitios de Internet

The Bill of Rights for Kids

kids.laws.com/bill-of-rights

Consigue información detallada acerca de la Carta de Derechos.

Nota del editor para educadores y padres: nuestro personal especializado ha revisado cuidadosamente estos sitios web para asegurarse de que son apropiados para los estudiantes. Muchos sitios web cambian con frecuencia, por lo que no podemos garantizar que posteriores contenidos que se suban a esas páginas cumplan con nuestros estándares de calidad y valor educativo. Tengan presente que se debe supervisar cuidadosamente a los estudiantes siempre que tengan acceso al Internet.

ÍNDICE